シリーズ・
道徳と「いじめ」❶

考えよう・話しあおう！

いじめはなぜおこるのか？

監修／貝塚茂樹　著／稲葉茂勝

ミネルヴァ書房

はじめに

　これまで学校の道徳の時間では、「善悪の判断・自律・自由と責任、正直・誠実、個性の伸長、希望と勇気・努力と強い意志、親切・思いやり、友情・信頼、公平・公正・社会正義、よりよい学校生活・集団生活の充実、生命の尊さ」（文部科学省）などについて学んでいました。そうした学習の大きな目的のひとつは、「いじめ」をなくすためでした。

　いじめは、わたしたちの生活のなかで、とても大きく深刻な問題です。しかし、人によっては、いじめがあることに気がついていなかったり、知らないうちに他者をいじめてしまっていたりすることもあります。学校の先生も、いじめで苦しんでいる人に手を差しのべることができないこともあります。そもそも「いじめ」って、どういうことでしょう。

　子どもの自殺がおきてしまった学校で、その子がいじめられていたのではないかと問われた先生たちが、「いじめがあったとは思えない」といっているのを、みんなもニュースなどで見たことがあるのではないでしょうか？

　いまのいじめの実態は、昔より深刻になってきたと、よくいわれます。その理由として、いじめがかくれておこなわれていたり、インターネット上でおきていたりするため、だれがいじめに関わっているのかわからないことがあげられます。

　こうしたなか、「いじめをなくす授業」として、道徳的な読み物を読んで、その登場人物の心情を理解していくことで、「いじめは、ぜったいにすべきでない」という気持ちをつくっていくという学習が、道徳の時間におこなわれています。しかし、そうしたやり方ではなかなかいじめがなくならないのがいまの実情です。

　「道徳」を辞書で引くと、「ある社会で、人々がそれによって善悪・正邪を判断し、正しく行為するための規範の総体。法律と違い外的強制力としてではなく個々人の内面的原理として働くものをいい、また宗教と異なって超越者との関係ではなく、人間相互の関係を規定するもの」（『大辞林第三版』）とあります。なんだかむずかしい！というより、そういった読み物を読む気になれないという人も多いのではないでしょうか。

　さて、この「シリーズ・道徳と『いじめ』」をつくるにあたり、わたしたちは、いじめについて、みんなが考え、議論していくことを提案できないだろうかと、道徳やいじめについて研究されてきた貝塚茂樹先生のもとで、話しあいを重ねてきました。

　いじめについて、みんなが「主体的・対話的に、より深く」考えていくための資料になり得る本をつくれないかと考えてきました。「主体的・対話的、深い学び」を学校の道徳にあてはめると「考え・議論する道徳」となります。

　話しあいの結果、わたしたちは、いじめについて総合的に考えていくためのシリーズを次の3巻構成でつくることにしました。3巻目には、いじめ対策に取りくんでいる学校の「考え・議論する道徳」のようすも紹介することにしました。

❶ 考えよう・話しあおう！
いじめはなぜおこるのか？
❷ 調べよう・ふり返ろう！
これもいじめ・あれもいじめ
❸ しっかり取りくもう！
「モラル・コンパス」をもつ

子どもジャーナリスト
Journalist for children　　稲葉茂勝

もくじ

はじめに ………………………………………………………………… 2

パート1　人間と「いじめ」

❶ 動物の世界の「いじめ」？ ……………………………………… 4

❷ 脳のはたらきと「いじめ」 ……………………………………… 6

　　人間の脳 ………………………………………………………… 8

❸ いじめと死 ………………………………………………………… 10

❹ 子どもは「残酷」といわれるけれど？ ……………………… 12

❺ 集団のなかでは人の残酷性が増す？ ………………………… 14

　　「なぜ人を殺してはいけないのか？」という問い ………… 16

パート2　人類の「いじめ」

❻ 「戦争」と「平和」、どっちが先？ …………………………… 20

❼ 「正戦論」という考え方 ………………………………………… 22

❽ 「民族浄化」と「ジェノサイド」 …………………………… 24

　　人類の知恵 ……………………………………………………… 25

❾ いじめも本能？ ………………………………………………… 26

　　「なぜ人をいじめてはいけないのか？」という問い ……… 28

　　さくいん ………… 30

パート1　人間と「いじめ」

1 動物の世界の「いじめ」？

動物の世界にも「いじめ」があると、よくいいます。そしてその「いじめ」によって、命が奪われることもあると！それって、どういうことでしょうか。

金魚のいじめ

　いろいろな種類の魚と同じ水槽に入れられたディスカスという熱帯魚は、ほかの種にはまったく無関心なのに、同じ種の弱い個体を見つけると、みんなでよってたかって徹底的にいじめることが知られています。

　これは本能により、同じ種のなかの一番弱い個体を排除し、強いものが種を守っていこうとしているのだと考えられています。

　ふつうに見かける金魚でも、それと似たようなことがあります。金魚を大切にかっている人なら、たいてい目撃したことがあるのではないでしょうか。

　水槽のなかで、弱よわしい泳ぎになったり、ひっくり返っておなかを上にして浮いていたりしている金魚がいます。すると、ほかの金魚が、みんなでその弱った金魚をつつくのです。

　仲間に攻撃されているディスカスも、からだが弱った金魚も、そのままにしていると、死んでしまいます。でも、別の水槽に移して適量のエサをあたえると、また元気になる場合もあります。

パート1 人間と「いじめ」

本能と脳の関係

左ページに記した「本能」とは、動物が、学習や経験などにもとづかないでとる行動のことです。防御本能、帰巣本能（例：砂浜で生まれたばかりのカメのあかちゃんが海に向かって歩きだすこと）や、生殖本能（子孫をのこすための行為）などが知られています。

動物の脳のなかには「大脳辺縁系」とよばれる領域があります。そこは、本能的な行動をつかさどるところです。

魚類、両生類、は虫類では、脳幹が脳の大部分を占めていて、「小脳」と「大脳」という領域が小さくなっています。

これに対し、鳥類やほ乳類、もちろん人間も、小脳と大脳が大きく発達しています。しかも、チンパンジーや人間は、大脳の表面の「大脳皮質」という領域が、さらに大きくなっています。

チンパンジーの場合は？

また、チンパンジーも「いじめ」をすることが知られています。これまでの研究からも、野生のチンパンジーが群れのなかでいじめをしている行動が多く観察されています。

> 考えてみよう 話しあって！
> チンパンジーの大脳は、人間と同じように発達しているというよ。チンパンジーはどんな「いじめ」をするのか、図書館やインターネットで調べてみよう。また、チンパンジーはどうしてそのようないじめをするのかな？ みんなはどう思う？

② 脳のはたらきと「いじめ」

近年、人間の思考や記憶、感情、心をつかさどる役目をしているのが、脳であることがわかってきました。ということは、いじめも脳のはたらきと関係があるのでしょうか？

人間らしさをつくる脳

人間の感覚に関する脳のはたらきは「頭頂葉」「側頭葉」「後頭葉」とよばれる脳の領域でおこなわれます。ここで情報がそれぞれに処理されたのち、いったん「前頭葉」へ送られます。前頭葉ではこれらの情報をまとめて、それに対してどのように反応するか判断し、からだを動かす、言葉を話すなどの司令を出すとされています。

この前頭葉のなかでとくに大切なところが、前頭葉の前側、おでこのすぐうら側にある「前頭前野」です。なぜなら、そこは新しいことを考えだしたり、記憶したり、感情をコントロールしたり、状況にあわせた判断をしたりといった、非常に高度な情報処理に関係しているからです。このため前頭前野は「脳の司令塔」ともいえる場所。これが、「人間らしさ」をつくりだしているのです（川島隆太監修『脳のひみつにせまる本 2』ミネルヴァ書房より）。

いじめは前頭前野と関係する

人間のいじめという行動も、前頭前野が関係していることがわかっています。人間の脳と動物の脳の大きなちがいは、前頭前野にあるともいわれています。人間と近い動物であるチンパンジーの脳とくらべると、人間は、前頭前野が非常に発達しているのです。じつは、チンパンジーもいじめをしますが、それは、人間のいじめとはかなり異なるものだといえるのです。というのは、チンパンジーのいじめは、いきすぎると相手を死にいたらしめる（殺してしまう）ことがあります。これに対し、前頭前野が非常に発達した人間は、いじめで相手を殺してしまうようなことは、本来あってはいけないことなのです。

パート1 人間と「いじめ」

オスがメスをいじめるひとつの理由

チンパンジーやゴリラなどの比較的知能が高いとされる動物は、オスがメスをいじめることがよくあります。でも、その行動には、手加減のようなことが観察されているのです。

じつはそうしたいじめ行動は、オスがメスの気を引くためにしているのではないかという見方があります。

> 考えてみよう 話しあって！
> みんなのなかでもこれと同じようなことはないかな？ 乱暴な男の子が、女の子をいじめる理由を考えてみよう！

「心はどこにあるのか」という問い

近年、脳科学の研究の結果で、人間の「心」は、脳と関係していることが明確にされてきました。

しかし、「心はどこにあるのか」という問題については、そう簡単に結論づけることはできないともされています。なぜなら、医学的に見て、脳の機能が完全に失われているにも関わらず、人工呼吸器などをつかっていることで、からだが生きている状態（脳死）の場合があるからです。

脳死の状態にある人は、意思をもって動くことはできませんが、心臓をはじめ、からだの機能は動いています。ところが「心」が脳そのものであるというなら、心臓が動いていても、その人はすでに死んだことになるのです。このように、脳の研究が進歩したといっても、まだまだ明らかになっていないこともたくさんあります。

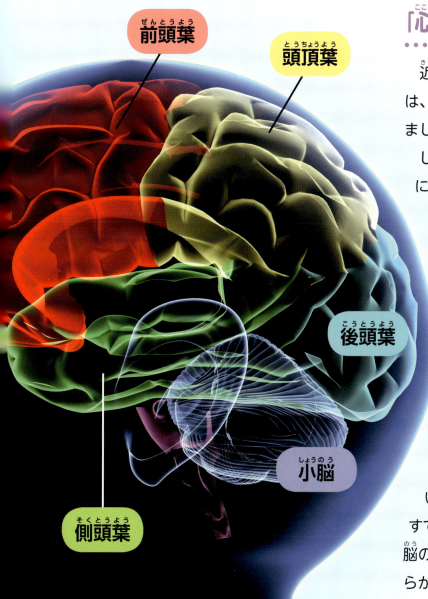

前頭葉
頭頂葉
後頭葉
小脳
側頭葉

人間の脳

約5億年前、地球上に魚類が誕生。
魚類から、両生類、は虫類、鳥類、ほ乳類と進化してきました。
ほ乳類のなかで、もっとも発達しているのが人間の脳です。

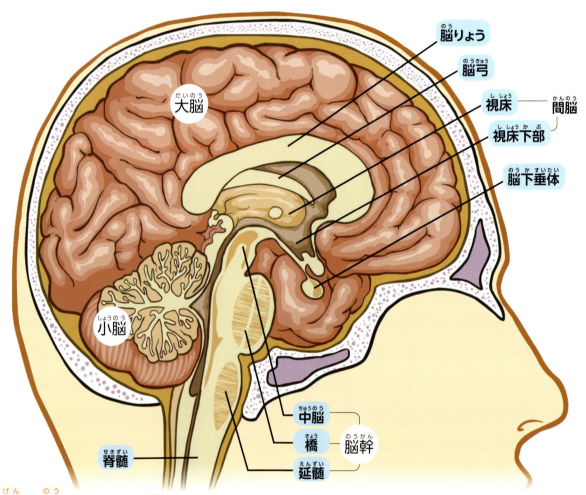

人間の脳のなかはどうなっている？

　脳は上の図のように、いくつかの部分に分かれています。一番外側が「大脳」とよばれる部分です。大脳の下の後頭部側には、大脳より小さな「小脳」があり、呼吸や心拍（心臓のはたらき）、本能など、生きるのに欠かせない機能をつかさどっています。脳幹の下からは、脊髄が首を通って背中へのび、脳とからだじゅうの神経とをつないでいます（川島隆太監修『脳のひみつにせまる本2』ミネルヴァ書房より）。

人間と動物に共通する部分

　大脳の内側にある「大脳辺縁系」とよばれる領域は、自分の意思で動かせないからだの機能（自律神経）に関わっています。この大脳辺縁系の構造やはたらきは、人間もほかの脊椎動物もよく似ています。大脳辺縁系がつかさどるのは、攻撃や恐怖といった本能的な感情、また、心拍や呼吸、血圧、体温の調節などです。このため、大脳辺縁系は「動物脳」ともよばれ、進化の過程で比較的古くから発達したと考えられています。

脳のしわと神経細胞の関係

　人間の大脳の表面には、たくさんのしわがあります。そのしわをのばすと、新聞紙1枚分ぐらいの大きさになることがわかっています。

　このしわは、人間やチンパンジーなど大脳が発達した動物に特徴的に見られるもので、犬やネコ、ネズミの脳のしわは、人間にくらべて多くありません。

　脳のしわは、脳のはたらきをになう神経細胞と関係しています。脳のなかの神経細胞がたえず活動することで全身へ命令を出します。このため、神経細胞がたくさんあるほど、脳は複雑なはたらきをしたり、たくさんの情報をたくわえたりすることができるのです。

　頭がい骨のかぎられた場所のなかに、より多くの神経細胞をふくむ脳を折りたたんで収納するために、脳にしわがあるのだと考えられています。

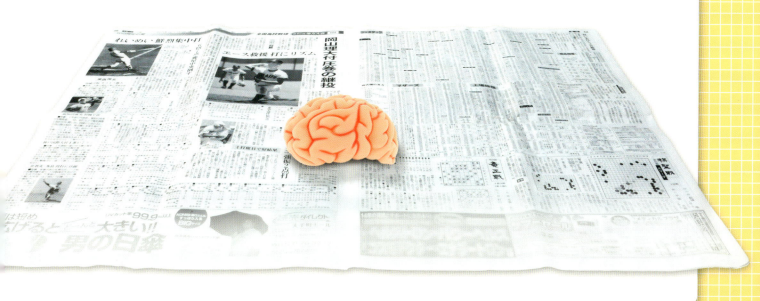

❸ いじめと死

「いじめが原因で自殺」というニュースが多く聞かれるようになりました。それどころか、いじめで相手を死にいたらしめることも、実際にあるのです。

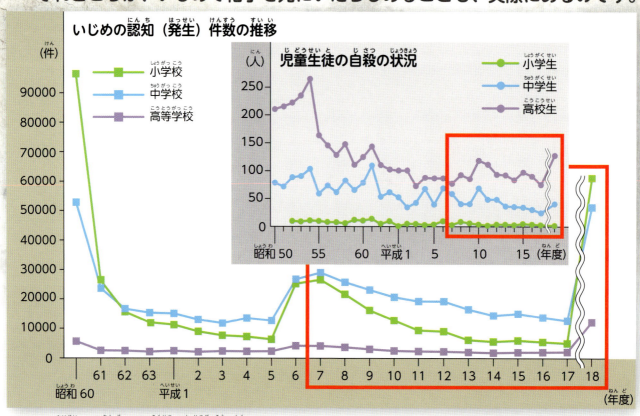

※2006（平成18）年度からは国立・私立学校も含める。

出典：文部科学省「児童生徒の問題行動等生徒指導上の諸問題に関する調査」より作成

いじめ発生件数と自殺件数

文部科学省の資料によると、「いじめの認知（発生）件数」は、上のグラフのように1995（平成7）年度から減っています。そして、それにともなって「児童生徒の自殺」の件数も1998（平成10）年以降は、減少傾向にあります。

注目すべきは、2003（平成15）年度です。いじめの発生件数が前年より増え、同じく自殺も増えています。これは、いじめと自殺が関係することのひとつの証拠だといえます。

> 考えてみよう 話しあって！
> みんなは2つのグラフの関係についてどう考える？　また、文部科学省が把握しているいじめの認知（発生）件数は、実際よりはるかに少ないといわれているけれど、みんなは、どう思うかな？

山形マット死事件

　山形県新庄市で1993（平成5）年にとても衝撃的な事件がおこりました。

　ある中学校の体育用具が置かれているところで、1年生の男子生徒が、体育用マットでぐるぐるまきにされた（マットは立てられ、頭を下にした）状態で死亡しているのが発見されたのです。

　死因は窒息死。警察は傷害および監禁致死の容疑で、死亡した生徒をいじめていた当時14歳の上級生3人を逮捕し、当時13歳の同級生4人を補導しました。

　その後の事情聴取で、7人は犯行を認めましたが、その後児童相談所に送致された1人を除く6人の生徒が、自供を撤回し、犯行の否認やアリバイの主張をしはじめました。

　それから、地方裁判所、高等裁判所、最高裁判所と長いあいだ裁判がおこなわれてきましたが、結果、1994年、7人全員に対し、刑事裁判の有罪に相当する「保護処分」が確定しました。

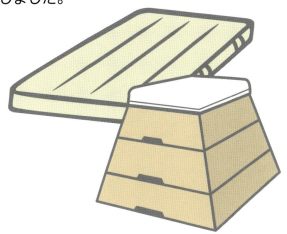

事件への関心

　この事件は、あまりにもショッキングなものだったため、事件当時はもちろん、その後の裁判の過程なども、新聞やテレビでさまざまに報道され、日本じゅうの多くの人の関心がよせられました。

　事件の背景について、被害にあった生徒の家庭が、その地域に外からやってきた裕福な一家で、それに対するねたみがあったことなども報じられました。さらに、被害者家族の人たちが方言でなく、標準語を話すことも、地域の人たちの劣等感をくすぐったといった報道もありました。

　そこには、中学校でのいじめではなく地域社会の「よそ者」扱いにする（のけものにする）状況があったことなども報道されました。

④ 子どもは「残酷」といわれるけれど？

少し昔の子どもたちのなかには、野原でつかまえたバッタの足をもぎとったり、カエルに爆竹をつけて爆発させたりする子がいました。なんと残酷なことを！　でも当時はよくある光景でした。

残酷性をコントロールする方法

子どもたちは、いろいろないたずらをします。平気で生き物を殺すようないたずらもします。自分の興味に支配されるままに、大人から見るとひどく残酷なことを平気でやります。それは、なんの罪悪感もなく、しかも、死んでしまったら二度と生きかえらないといった、死と生の概念もないことによります。

それでも「足をちぎるといたいのかな」といった感情が芽生えている子どももいます。そして、成長するにつれて生き物を殺すことに平気ではいられなくなります。

残酷といわれる遊びのなかから知らず知らずのうちに生体についても学び、それが生命観にもつながっていくのだといわれています。さらに、そうした行動をくり返していくうちに、生・死の意味を学び、残酷性をコントロールするようになっていきます。

カやハエは殺してもいい

人は成長するにしたがって、むやみに殺生をしてはいけないという気持ちが芽生えてきます。バッタの足をちぎったり、カエルのお腹に空気を入れてふくらませて破裂させるなんて、とうていできなくなります。

しかし、そうした人でも、カやハエなど、人に害をあたえる害虫であれば、容赦なく殺します。

それは、小動物に対しても同じです。ネズミは殺してもいい（駆除）と考えるのがふつうですが、ペットのハムスターが死んでしまったら、飼い主はとても悲しみます。

このようなじつにさまざまな体験をしながら、人間は成長していき、生・死についても、また殺生の良し悪しについても、自分なりの感覚を身につけていくのです。

パート1 人間と「いじめ」

考えてみよう 話しあって！

日本の伝統的なイルカ漁に世界から批判が殺到。イルカは高度な認識能力をもつことが科学的に明らかになったので、殺してはいけないという考えがある。みんなは、どう思うかな？

＊和歌山県太地で古くからおこなわれてきたイルカ漁は、アカデミー賞を受賞したドキュメンタリー映画『ザ・コーヴ』で取りあげられて以来、世界じゅうから批判の声が上がっている。さらに、日本は、2020年の東京オリンピックで日本に世界の注目が集まることをふまえ、イルカ漁や捕鯨をやめるよう、各方面から要求されている。

和歌山県太地でイルカ漁が解禁された2017年9月1日、世界各地で抗議のデモがおこなわれた。参加者たちはイルカ漁をやめるよう訴えた。

写真：Shutterstock/アフロ

⑤ 集団のなかでは人の残酷性が増す?

人間は集団になると、1人で判断するよりも残酷になりやすいといわれています。集団のなかにいると、「やってはいけない」という気持ちがなくなってしまうともいいます。

「赤信号みんなで渡ればこわくない」

やってはいけないとわかっていることを1人ではできなくても、集団では平気でやってしまうことをたとえた言葉が「赤信号みんなで渡ればこわくない」です。

どうしてこのようなことがおこるのかについては、いろいろな理由が考えられますが、ひとつには群集心理によるといわれています。

辞書には「群集心理」という言葉について「群集が示す特殊な心理状態。一般に判断力が低下し、興奮性が強くなり、衝動的・無責任的な言動をとる傾向になる」(『大辞林　第三版』)と書かれています。

街で騒動がおきたとき、だれかが石を投げたり物をこわしたりすると、多くの人がまねするようになるのは、群集心理によります。また、多く人が集まる場所で火事などがおきると、群集心理がはたらき、非常口がいくつあっても最初に何人かが逃げだした出口に人が殺到したりするといわれています。

> **考えてみよう　話しあって！**
> みんなもきっと群集心理になったことがあるはずだよ。どんなときに群集心理になったか、思いだしてみよう。群集心理がはたらいて、友達をいじめてしまったなんてことはなかったかな?

パート1 人間と「いじめ」

判断力の低下

　以前から人間は、1人ひとりならちゃんと考えられるのに、群衆にまぎれることによって、無意識のうちに判断力が低下してしまうといわれています。

　これについては最近も、マサチューセッツ工科大学（MIT）、カリフォルニア大学バークレー校、カーネギーメロン大学のチームによって、「われわれは集団になると『倫理と関係する脳の領域』の活動が鈍るらしいことが明らかになった」といった研究結果が発表されました（2014年6月18日、産経新聞「人はなぜ『集団』になると非倫理的になるのか？」より）。

匿名性が高くなる

　集団のなかにいると、個人の責任がごまかされやすいからだともいわれています。これは、「匿名性が高まる」という表現がつかわれています。

　「匿名性」とは「だれであるかわからないようにしてあること」。それが高まると、自分の言動に対する責任感と個性がなくなるというのです。

　人が1人でいる場合には、「個人＝わたし」という意識で行動をして、ふつうは悪いことや無責任なこと、恥ずかしいことなどはできないと感じているのですが、それが群集のなかでは、「個人＝わたし」という意識が弱くなってしまうのです。

「なぜ人を殺してはいけ

こう問われた人の多くは、「そんなの当たり前のこと」
「人を殺していいわけがない」というでしょう。
でも、「それはどうして？」といわれたら、ちゃんと答えられるでしょうか。

虫や魚、動物は殺していいのに？

人間は、人間の価値観で殺していいものと殺してはいけないものを決めています。しかも12ページで見たように、人によって殺していいもの・悪いものが異なっています。

地球上には、かぞえきれない数の動物が生息しています。その動物のうち、なには殺してよくて、なにはいけないといった基準を、人間は勝手につくってきています。しかし、イルカのように、日本では漁をすることが禁止されていないのに、外国では禁止されているというものもあります。

そもそも人間の価値観だけで、地球のすべてを決めるのは、おかしくないでしょうか。

戦争では、人を殺してもいいのに？

現在では世界じゅうの国が、殺人は罪であると法律で決めています。しかし、一旦戦争になれば、人と人とが殺しあいます。また、死刑制度がある国では、重大な罪を犯した人は殺してよいとされています。

だれが、どういうときなら、人を殺してもいいと、決めているのでしょうか。

ないのか？」という問い

そう決めたから

人を殺してはいけない理由として、よくいわれることに「人はだれだって殺されたくない、だから殺してはいけない」というものがあります。しかし、それでは、左ページに記したようなこととの関係を説明しきれていません。

そこで、殺されたくない人たちが、みんなで「人を殺してはいけない。例外として、なになには除く」という決まりをつくり、みんなに、その決まりを守るように義務づけたのです。しかも、守らなかったら「殺人罪」で罰するという法律をつくりました。

現在、世界じゅうの国が、そうした法律をつくっています。こまかいところには、ちがいもありますが、「人は殺してはいけない」というのは、世界共通の法律になっているのです。

「なぜ人は殺してはいけない」の問いに対する答えは、「人は殺してはいけない」という法律があって、世界じゅうすべての人が、その法律を守るよう義務づけられているということなのです。

日本の殺人罪

日本では「殺人罪」が法律で決められています。殺人を犯すと罰せられ、場合によっては死刑に処せられます。

ところが、殺人罪について規定した日本の法律の条文には、「なぜ人を殺してはいけないのか」については明記されていません。いいかえると、なぜ人を殺してはいけないかの理由が、法律には示されていないのです。

ということは、罰を受ければ人を殺してもよいといった考え方が出てきてしまいます。

そんな考えがあってよいはずはありませんが、「なぜ人を殺してはいけないのか？」という問いにちゃんと答えるのは、じつは、とてもむずかしいことなのです。そこで、この本では、法律の専門家である6人の弁護士の人たちに、日本の法律に照らして、この問いに対し、それぞれ答えてもらいました。

小野先生（銀座ウィザード法律事務所）

1．刑法では、法によって守られなければならない利益のことを「法益」といい、その法益の重いものから順に、「死刑」「懲役」「禁固」「罰金」「科料」という刑罰が定められています。殺人罪において保護されるべき「法益」は、正に「人の命」であり、最高刑が「死刑」とあるとおり、法益としては一番重いものという位置づけになっています。

ある最高裁判所の判決の中で、「1人の生命は全地球よりも重い」という名台詞が書かれたことがありますが、このことを端的に語っているものでしょう。

2．わたしはクリスチャンですのでその観点から書きますと、神によってつくられたものはいずれも尊重されなければならないですし、それを壊す（人間でいえば、殺す）ことは、神に逆らう行為であり、天罰を受けるに相応しい行為だといえる可能性が高いです。

裁判所は「御上」であり、漢字こそちがいますが「かみ」ですから、人を殺した人間に対して、神に代わって刑罰を与えているという構造なのだと思います。そういう意味だと、「あいつは殺されてもいいけど、この人は殺されてはいけない」という差別はあってはならず、その思想からすると「死刑廃止」という観念に行きつくのだと思います。なかなか割りきれませんけどね。

川浪先生（琥珀法律事務所）

『なぜ人を殺してはいけないのか？』と問われたら、最初に思い浮かぶ答えは『殺されたくないとだれだって思うから』というものではないでしょうか。

しかし、刑法には、殺人のみならず、同意殺人、自殺幇助も罰する旨の規定があります。すなわち、『殺して欲しい』、『自殺するのを手伝って欲しい』と頼まれてその人を殺すこと、その人が自殺するのを手伝うことも禁止されているわけです。

そうすると、殺される側が納得しているかどう

星先生（星法律事務所）

人を殺してはいけないという法律があるからです。日本だけではなくほとんどの国に人を殺してはいけないという法律があると思います。それは人を殺してはいけないと考える人が多数派だからです。犬を殺してはいけないという法律はどうでしょうか。日本では動物の虐待は禁止されていますが、犬肉を食べる国では禁止されていません。イルカとかクジラはどうでしょうか。日本では禁止されていませんが禁止している国も結構あります。その国の多数派がイルカとかクジラを殺してはいけないと考えているからです。魚介類はどうでしょうか。魚介類を殺すこと自体を禁止している国はないようですが殺す方法を指定している国はあります。そのような国では魚の活け作りは禁止されます。

かは関係ないわけですが、なぜ、刑法にこのような規定があるのかというと、人の生命はあらゆる活動の根源・自由の基礎にあるもので最も尊いと考えられているからでしょう。

これもひとつの価値観に過ぎませんが、この価値観は多くの人が共有しているはずです。社会において、多くの人と関わって生きる以上、多くの人が共有する価値観に反する行動に出てはいけない、とくに生命は最も尊いものですからそれを侵害してはいけない、だからこそ『人を殺してはいけない』のだと思います。

星野先生（星野法律事務所）

最も重大な人権侵害だからでしょう。法は、社会における衝突を防止し、円滑な生活を送るために存在するとすれば、他者の生存そのものを奪う殺人は、普遍的に禁止されるべきものです。平穏に生存することは人権の最も重要な核心部分であり、人権を守るべき手段にすぎない法が殺人に対してどのような刑罰を定めていようとも、「刑罰を甘受すれば殺人してもよい」とはなりません。唯一の例外は、戦争での戦闘や殺されそうになった状況で反撃するという正当防衛しかありません。

冨本先生（法律事務所あすか）

だれもが命を奪われたくないと考えるのが普通だからです。絶対殺されたくないと思うのであれば、絶対人を殺していけないのは当然です。

清水先生（法律事務所アルシエン）

答えはひとつでないと思いますが、端的にいえば「取り返しがつかないこと」の最大のものだからではないでしょうか。

だれしも自分が殺されたいと考えていないでしょうし、親しい人が殺されるとも考えていないでしょう。本人にとってはいろいろな希望が断たれることになりますし、親しい人からすれば繋がりを完全に断たれてしまうことになります。そして、その状況が改善されることは絶対にありません。法律で殺人が罰せられるということもひとつ理由にはなるのかもしれませんが、それを理由にすれば、ばれなければ殺人をしてもよいということになりかねません。法律で禁じられているということは、それが一般的に「やってはいけないこと」と認識されているか、少なくとも政策的に「やってはいけない」とされているということです。自分がされたくないことは他人にするべきではないということを、どこかで教わると思いますが、殺人もそれと基本的に変わることはないと思います。

また、生命を保護してもらえなければほかのどういった利益を保護してもらおうが無意味ということで、法によって最も保護されるべき利益といえるからです。

パート2 人類の「いじめ」

6 「戦争」と「平和」、どっちが先？

2016年、「戦争は人間の本能」であるという国際的な主張は誤りかもしれないとする研究が注目されました。
「戦争が本能」とは、それが誤りとは、どういうことでしょうか。

『戦争と平和』という小説

　世界じゅうで愛されているロシアの文豪・トルストイの『戦争と平和』という長編小説があります。これは、戦争の時代に生きがいとはなにか、幸せとはなにかを学んでいく、自分さがしを続ける若者たちの成長のようすを描いた小説です。トルストイは、この物語を通して、豊かな人生とはなんなのか、生きる喜びとはなにかをさぐろうとしたといわれています。トルストイは、この物語の題名として、戦争・平和とならべました。平和・戦争ではなく……。

　もとより、古代ギリシャの時代には、都市国家のあいだで生じた戦争を、自然の秩序の一部としてとらえていたといわれています。ギリシャの哲学者ヘラクレイトスは、「戦争が万物の父であり、万物の王である」として、「もし戦争がなければ、世界は存在することができない」と考えていたとも伝わっています。すなわち、戦争は、人間の本能であるというのです。

　すると、トルストイが『戦争と平和』という順番にしたことが納得できる気がします。

19世紀ロシア文学を代表する作家、トルストイ（1828〜1910年）。

『戦争と平和＜1＞』（岩波文庫）

パート2 人類の「いじめ」

戦争は人間の本能ではない！

　山口大学と岡山大学などの研究グループが「戦争の発生は人間の本能に根ざしたものではない」とする論文を、イギリスの科学雑誌「Biology Letters」で発表しました（2016年3月30日）。

　同研究グループによると、日本列島で狩猟採集によって暮らしていた縄文時代の2582体分の人骨データを、全国242か所から収集して調査した結果、1044体の大人の人骨のうち、傷を受けていたのは19体にとどまったといいます。ここから暴力による死亡率は、1.8％にすぎなかったことが判明。これまで「戦争は人間の本能によるものだとされてきましたが、そうではなく、戦争を回避するには環境、文化、社会形態などほかの要因の見直しと解明が必要」と結論づけたのです。

> **考えてみよう　話しあって！**
> みんなは、戦争は人間の本能だと思うかな？　それとも、人間は本来平和に生きるものだと思う？　トルストイの小説の題名のなかの言葉のならび順にも、このような問題がかくされているよ！　みんなも自分の頭で考え、話しあってみよう！　いま紹介した2016年の論文も参考にして。

1951年9月8日、第二次世界大戦を終結させるため、アメリカなど48か国と日本がサンフランシスコ講和条約に署名した。第二次世界大戦は、日本・ドイツ・イタリアなどの枢軸国とアメリカ・イギリス・フランス・ソ連などの連合国とのあいだにおこなわれた戦争。戦乱は全世界に拡大した。

写真：AP／アフロ

7 「正戦論」という考え方

戦ってもよい戦争といけない戦争があるという考え方（正戦論）が昔からあります。人類が正戦論をつくってきたのは、戦争をおこさないようにするためだといいます。

「正戦論」とは

「正戦論」とは、戦争には正当な戦争・不当な戦争があって、正当な原因をもつ戦争は認められるが、不当な戦争は認められないといった考え方（理論）のことです。その基礎となったのが、426年にアウレリウス・アウグスティヌスが出版した『神の国』だとされています。

10世紀後半以降になると、正戦論をめぐってヨーロッパで議論が活発におこなわれ、哲学や宗教学、法律などの多くの学者が「正戦論」を発展させてきました。

その後、戦ってもよいとされる条件を記した「戦争のための法」がつくられ、そこには、正しい理由があることや、正統な意図や目的があることなど、戦争が正しい戦争となるための条件も規定されています。

「戦争における法」がつくられ、戦争では、戦闘員と非戦闘員を区別すること、不必要な暴力を禁止することなどが決められました。

しかし、こうした「正戦論」は、ヨーロッパのキリスト教の世界の範囲での考え方で、異

11世紀末から13世紀にかけて、聖地エルサレムをイスラム教徒から奪回するため、前後8回にわたりおこなわれた西ヨーロッパのキリスト教徒による遠征（十字軍）。戦ってもよい戦争とされたが、実際には侵略と殺りくだったことがわかっている。

パート2 人類の「いじめ」

教徒や異端者との戦争においては、それにしたがう義務はないとされました。その結果、異教徒に対しては、残虐な殺りくがいくらでもおこっていたのは事実です。それでも、こうした理論が議論されてきた目的は、人類が戦争をおこさないようにするための努力であったのも確かでした。

宗教と「いじめ」

長い人類の歴史のなか、宗教の多数派の人たちが、少数派に対して弾圧を加えたり、異なる宗教を信じる人たちを攻撃したりすることがありました。キリスト教を信じる人たちが、他宗教の信者や、キリスト教を信じない人たちを迫害した話（宗教的迫害）は、例をあげればきりがありません。

「宗教的迫害」とは、個人や集団が信じる宗教を理由に、その個人や集団を差別したり、いじめたりすることです。その状態がひどくなると、無理やり宗教を変えるようにせまったり、そうしないと虐殺したりすることなどもおこりました。

これは、魔女狩りに象徴されるもの。「魔女狩り」という言葉を辞書で引くと、右上のように書かれています。

魔女狩り
①ヨーロッパの宗教改革前後における、教会ないし民衆による組織的・狂信的な、異端者摘発・追放の運動。
②（比喩的に）一定社会・集団の権力者や多数派が、思想・信条を異にする者を異端と断じて追放・排除すること。『大辞林 第三版』（三省堂）より

このように「魔女狩り」は、宗教的ないじめといってよいものでした。

現代の宗教的迫害

宗教的迫害は、キリスト教はもちろん、イスラム教、仏教など、あらゆる宗教に見られるもの。過去も現在も世界じゅうでおこってきた・いるといっても過言ではありません。

近年の日本では、1995年に地下鉄サリン事件をおこしたオウム真理教教団で、教祖が気にくわない人物を殺すように命令。何人もの命が奪われるという事件がおこりました。

> **考えてみよう 話しあって！**
> ある人と別のある人の宗教が異なったとしても、それはふしぎではない。けれども、大勢のなかで少数の人たちだけがちがう宗教を信じていると、宗教的迫害がおこる可能性が高いという。どうしてかな？ みんなで話しあってみよう！

23

⑧「民族浄化」と「ジェノサイド」

人類は長い歴史のなか、地球上のあらゆる地域で、他民族との戦争や他民族に対する「民族浄化」や「ジェノサイド」とよばれる悲惨な行為をくり返してきました。

民族浄化

「民族浄化」とは、「複数の民族集団が共存する地域において一つの多数派民族集団が他の少数民族集団を同化・強制移住、また大量虐殺によって抑圧する行為」(『大辞林 第三版』)のことです。現代に入っても、民族浄化は、世界各地に見られ、国際社会の大きな問題になっています。

国連軍縮担当事務次長の中満泉さんの著書『危機の現場に立つ』には、1992年にボスニアで内戦がはじまり、「民族浄化」とよばれる「異なる民族に属する人々を追い払って、その地域を自分たちの民族の支配下に置こうとする民兵組織による暴力的な活動」がしだいに明らかになったことが記されている。

中満泉著『危機の現場に立つ』(講談社)

ジェノサイド (集団殺りく)

「ジェノサイド」とは、「国民的・人種的・民族的または宗教的集団の全部または一部を破壊する意図をもって行われる、集団構成員の殺害または集団構成員に対して危害を加える行為など」(『大辞林 第三版』)のこと。ジェノサイドの例として、第二次世界大戦中のナチス・ドイツによるユダヤ人の大虐殺(ホロコースト)がよく知られています。1933年にドイツの政権をにぎったヒトラーは独裁政治をはじめ、世界を第二次世界大戦へと引きこみ、徹底してユダヤ人を迫害しました。

現代の国際社会では、世界の国ぐにが条約(ジェノサイド条約)をつくって禁止しています。これは、正式には「集団殺害罪の防止および処罰に関する条約」といい、国民・人種・民族・宗教上の集団を殺害し迫害する行為を防止し、国際法上の犯罪として処罰しようとするものです。1948年12月の国連総会で採択されました。

> 考えてみよう 話しあって！
>
> ここで見た、民族浄化、ジェノサイドなどは、むずかしい問題だね。でも、それらと、みんなが学校で見かけるいじめとは、本質的には同じことなんだ。どうして民族浄化がおこるのか、どうしていじめがおこるのか、みんなで話しあってみよう。

人類の知恵

現在、世界には大小200近くの国があります。そのなかでなにか問題が生じた場合、国の代表どうしが集まり、取りきめをしていくことになっています。

「国際社会」とは

「国際社会」という言葉がよくつかわれます。これはふつうにつかわれている「社会」という言葉の国際版です。さまざまなできごとがおこる国と国のあいだの社会をさしています。

国際社会では、国と国の利益があわないと、衝突がおこったり戦争になったりすることがあります。国際社会では、争いごとがおこらないように取りきめをつくって、国どうしがたがいに調整しあってさまざまな条約をつくっています。これは、戦争をおこさないように、人を殺さないように強い人（国）が弱い人（国）をいじめないようにするための、人類の知恵なのです。

国際連合憲章

20世紀におこった、第一次世界大戦と第二次世界大戦は、それまでの戦争とはまったく異なり、世界全体をまきこんだすさまじいものでした。飛行機や戦車などがつかわれて、一般人をふくむ非常に多くの人が犠牲になり、都市や自然が破壊されました。

戦後まもない1945年10月、そのような戦争を二度とおこさないように、国際連合（国連）が正式に発足。国連の目的、組織などを定める憲法とされる「国際連合憲章」が発表されました。

多くの先進国はこうして基本的人権の尊重、世界の平和と安全、個人の平等や国の平等などへの決意を示したのです。

アメリカ・ニューヨークにある国連本部。

⑨ いじめも本能？

「戦争は人間の本能」であるとするなら、いじめも本能なのでしょうか。
実際に、そういう人がいるのです。
彼らが根拠にするのが、12ページに記したような幼児期の残酷さです。

無意味な殺生

くり返しますが、大人は無意味な殺生はしません。ところが、幼いうちは、単純におもしろがって、平気で生き物をいじめたり殺したりするものです。だから、いじめが本能だなどといわれるのです。

しかもそのようにいう人のなかには、「いじめはしかたない」「昔からいくらでもあった」「なくなるわけがない」などと、いじめを許容する人までいるのです。

人類にとって、弱肉強食の、いつだれに殺されるかわからない恐怖におびえた時代が長く続きました。しかし、現在では世界じゅうの人が、そうした恐怖から逃れるために、話しあって決まりや法律をつくりました。国際社会では、多くの国が集まって国際条約をむすんできました。24ページに記した民族浄化やジェノサイドを防ごうと、人類は知恵を出しあってきました。

ところが、実際には、地球上のどこかで戦争がおこなわれ、人が人を殺しています。強い人（国）が弱い人（国）をいじめています。

民族浄化もジェノサイドもいまだにおこなわれています。それでも、そうした愚行は、決して人間の本能によるものではありません。

パート2 人類の「いじめ」

「本能」の反対語は？

　「本能」の反対語が、理性です。「理性」とは、物事の道理にしたがって判断したり行動したりする能力のことをいいます。人間には、理性があります。理性があるから、人間は、法律をつくり、人をいじめたり、殺したり、戦争をおこしたりしないよう努力しているのです。

| 理性 | ①感情におぼれずに、筋道を立てて物事を考え判断する能力。
『大辞林 第三版』（三省堂）より |

| 本能 | ①生まれつきもっている性質や能力。特に、性質や能力のうち、非理性的で感覚的なものをいう。
②動物のそれぞれの種に固有の生得的行動。学習された行動に対していう。個体の生存と種族の維持に関係する基本的欲求・衝動と密接に結びついている。下等動物ほど本能に基づく行動が多く、昆虫の造巣行動のようにきわめて巧妙なものもある。
『大辞林 第三版』（三省堂）より |

考えてみよう 話しあって！
　この本のパート1では、人類とほかの動物とのちがいを見てきた。ついでパート2では、人類のいじめについて、とても大きな広い視点から、歴史的に、また、国際的に見てきた。最後に、みんなには、「いじめをしない」「人を殺さない」「戦争をおこさない」という決まりをつくることができるのは、人間だけだということを考えてもらいたい。また、そういう決まりをつくれることこそ、人間と、人間にとても近いチンパンジーとのちがいであるということについても、みんなで考えてみよう。

第二次世界大戦中、ナチス・ドイツによっておこなわれたユダヤ人大虐殺（ホロコースト）。アウシュビッツ強制収容所に集められたユダヤ人は、はたらけるかどうかで選別され、はたらけないと判断された者は毒ガス室へつれていかれた。

「なぜ人をいじめてはい

こう問われた人の多くが「そんなの当たり前のこと」「いじめていいわけがない」というでしょう。
でも「なぜ悪い？」といわれたら、みんなは、ちゃんと答えられるでしょうか。

悪いのはわかっていても

いじめが悪いことであることはわかっていても、なぜ悪いことなのか、その理由を問われて、明確に答えられる人は、おそらく少ないのではないでしょうか。

「いじめられた人がかわいそうだから」と答える人は多いはずです。でも、この答えは「上から目線」だという人がいます。「自分はいじめられる側の人間ではない」といった、上から見下ろしたような考えだというのです。さらに、そういう回答をしている人には、実際にいじめを見ていても、知らん顔をすることがあるといわれています。

いじめられたくないから

「なぜ人をいじめてはいけないのか？」について、自分がいじめられるのはいやだから、いじめてはいけないという人も多くいます。

これは、「なぜ人を殺してはいけないのか？」の問いに対し「殺されたくないから」と答えるのと同じです。

この問いについては、殺されたくない人たちが、みんなで「人を殺してはいけない。例外として、なになには除く」という決まりをつくり、さらに、「殺人罪」で罰するという法律をつくって、みんながその決まりを守るように義務づけたと、17ページに記しました。ということは、いじめについても同じように、いじめられたくない人たちが決まりをつくって、「人をいじめない」と義務づければいいことになります。でも「人をいじめてはいけない」という決まりには、ぜったいに例外はあってはなりません。

けないのか?」という問い

いじめ防止対策推進法

いじめ防止 国の方針未定

対策法施行

遺族「見通し甘い」

いじめから子供を守るため、学校や行政の責務を定めた「いじめ防止対策推進法」が28日、施行された。同法は、大津市の中2男子いじめ自殺問題がきっかけに与野党の議員立法で成立したが、運用に必要な国の基本方針作りが間に合わないという想定外のスタートとなった。学校と行政の役割分担などで混乱する懸念があり、遺族からは文部科学省の見通しの甘さを指摘する声も上がっている。

【水戸健一、小林哲夫、石川勝義】

「いじめを調査する」と調査メンバーの選任『第三者』とは、どんな人を指すのか「あまり対象を狭められる」。施行が迫った28日、文科省で開かれた「いじ

め防止基本方針策定協議会」では、休憩を挟んで4時間半、激論が交わされた。

有識者や弁護士、小中学校長ら計14人に、いじめの調査メンバーをどうするのか、など意見がまとまらないいままで会を重ね、不満の声が上がった。

いじめ対策推進法いじめへの対応と防止について、学校や行政等の責務を定めた法律。今年6月、与野党の議員立法で成立した。小中高校と高等専門学校を対象に、各自治体に教職員や心理・福祉の専門家による組織を常設させる。

「重大事態」について学校や自治体に調査と報告を義務付けたほか、警察や児童相談所、法務局などと関係機関との連携を強く促し、早期発見に

も力点を置く。

定期限はないが、施行するよう呼び掛けて見日に間に合わないのは…

昨年10月に「子ども委員会と学校、家庭、地域が一体になる体制…

（「毎日新聞」2013年9月28日夕刊）

「いじめ防止対策推進法」の施行を報じた記事。
（「毎日新聞」2013年9月28日夕刊）

「いじめ防止対策推進法」は、2013年6月28日に成立、同年9月28日に施行されたもの。この背景には、2012年に滋賀県大津市で、中学2年生の男子が、いじめを苦にして自殺。しかし、学校側は、いじめはなかったとして適切な対応をしなかったということがあります。

しかし、日本の学校ではかつてから、「いじめは悪いことだ」と子どもたちに説き、いじめを根絶しようと、法律もつくって、いじめ防止に取りくんできました。しかし、その後もいじめは一向になくならないというのが実情です。では、どうしたらよいのでしょうか。この本では最後に27ページに記した次のことをくり返し強調します。

「いじめをしない」

「人を殺さない」

「戦争をおこさない」

という決まりをつくることができるのは、人間だけである。

さくいん

あ行

アウレリウス・アウグスティヌス ……… 22
異教徒 ……………………………………… 23
いじめ ……4、5、6、7、10、11、23、
　　　　　　　　　　26、27、28、29
いじめ防止対策推進法 ………………… 29
イスラム教 ……………………………… 23
犬 ………………………………………… 9、18
命 ……………………………………… 4、19
イルカ ……………………………… 13、16、18
カ ………………………………………… 12

か行

カエル …………………………………… 12
『神の国』 ……………………………… 22
魚類 …………………………………… 5、8
キリスト教 ………………………… 22、23
金魚 ……………………………………… 4
クジラ …………………………………… 18
群集心理 ………………………………… 14
後頭葉 ………………………………… 6、7
国際社会 ………………………… 24、25、26
国際連合（国連） ……………………… 25
心 …………………………………… 6、7
個人 ……………………………………… 15

ゴリラ …………………………………… 7

さ行

裁判 ……………………………………… 11
魚 ………………………………… 4、16、18
殺人 ………………………… 16、17、18、19
殺人罪 …………………………… 17、18、28
ジェノサイド ……………………… 24、26
死刑 ……………………………… 16、17、18
自殺 ……………………………… 10、18
児童相談所 ……………………………… 11
宗教的迫害 ……………………………… 23
集団 ……………………………… 14、15、24
小脳 ………………………………… 5、7、8
心臓 …………………………………… 7、8
正戦論 …………………………………… 22
戦争 ………… 20、21、22 、23、24、25、
　　　　　　　　　　　　　　26、27
『戦争と平和』 ………………………… 20
前頭前野 ………………………………… 6
前頭葉 ………………………………… 6、7
側頭葉 ………………………………… 6、7

た行

第一次世界大戦 ………………………… 25

第二次世界大戦 ……………… 21、24、25

大脳 …………………………… 5、8、9

大脳辺縁系 …………………………… 5、9

大脳皮質 ………………………………… 5

鳥類 …………………………………… 5、8

チンパンジー ……… 5、6、7、9、27

頭頂葉 ………………………………… 6、7

動物 ……… 4、5、6、7、9、16、27

動物脳 …………………………………… 9

匿名性 ………………………………… 15

トルストイ …………………… 20、21

な行

人間 … 5、6、7、8、9、12、14、15、
　　　　16、20、21、26、27、28、29

ネコ …………………………………… 9

ネズミ ………………………………… 9、12

脳 …………………………… 5、6、7、8、9

脳幹 …………………………………… 5、8

脳死 ……………………………………… 7

は行

ハエ …………………………………… 12

は虫類 ………………………………… 5、8

バッタ ………………………………… 12

ハムスター …………………………… 12

判断力 ………………………………… 15

標準語 ………………………………… 11

仏教 …………………………………… 23

平和 …………………………… 20、21、25

ヘラクレイトス ……………………… 20

弁護士 ………………………………… 17

方言 …………………………………… 11

法律 ……… 17、18、19、27、28、29

ほ乳類 ………………………………… 5、8

ホロコースト ………………… 24、27

本能 ……… 4、5、8、20、21、26、27

ま行

魔女狩り ……………………………… 23

民族浄化 ……………………… 24、26

無意識 ………………………………… 15

虫 ……………………………………… 16

文部科学省 …………………………… 10

ら行

理性 …………………………………… 27

両生類 ………………………………… 5、8

31

■監修
貝塚 茂樹（かいづか しげき）
1963年茨城県生まれ。筑波大学大学院博士課程教育学研究科単位取得退学。博士（教育学）。専門は日本教育史、道徳教育論。国立教育政策研究所主任研究官等を経て現在、武蔵野大学教授。著書に『戦後教育改革と道徳教育問題』（日本図書センター）、『教えることのすすめ』（明治図書）、『道徳の教科化』（文化書房博文社）、『天野貞祐』『特別の教科 道徳Q&A』（共著）（ともにミネルヴァ書房）ほか多数。

■著者
稲葉 茂勝（いなば しげかつ）
1953年東京都生まれ。大阪外国語大学、東京外国語大学卒業。子ども向けの書籍のプロデューサーとして多数の作品を発表。自らの著作は『世界の言葉で「ありがとう」ってどう言うの？』（今人舎）など。国際理解関係を中心に著書・翻訳書の数は80冊以上にのぼる。2016年9月より「子どもジャーナリスト」として、執筆活動を強化しはじめた。

■パート1監修
川島 隆太（かわしま りゅうた）
1959年千葉県生まれ。医学博士。東北大学医学部卒、同大学院医学研究科修了。スウェーデン・カロリンスカ研究所研究員などを経て、現在、東北大学加齢医学研究所所長。専門は脳機能イメージング研究。任天堂「脳を鍛える大人のDSトレーニング」の監修者。著書に『さらば脳ブーム』（新潮新書）、『脳を鍛える大人のドリル』（くもん出版）、監修に『脳のひみつにせまる本（全3巻）』（ミネルヴァ書房）など。

■編集・デザイン
こどもくらぶ（長野絵莉・長江知子）

■企画・制作
㈱エヌ・アンド・エス企画

■写真協力
p4：© Oleg Zhukov - Fotolia.com
p5：© photoloulou91 - Fotolia.com
p7：© V.Yakobchuk - Fotolia.com
p8：© OOZ- Fotolia.com
p9：© gkozawa- Fotolia.com
p20：© Georgios Kollidas | Dreamstime.com
p25：© Palinchak | Dreamstime.com
p28：© paylessimages-Fotolia.com

この本の情報は、2017年11月までに調べたものです。
今後変更になる可能性がありますので、ご了承ください。

シリーズ・道徳と「いじめ」
①考えよう・話しあおう！ いじめはなぜおこるのか?

2018年1月30日 初版第1刷発行 〈検印省略〉

定価はカバーに表示しています

監 修 者	貝 塚 茂 樹
著 者	稲 葉 茂 勝
発 行 者	杉 田 啓 三
印 刷 者	藤 田 良 郎

発行所 株式会社 ミネルヴァ書房
607-8494 京都市山科区日ノ岡堤谷町1
電話 075-581-5191／振替 01020-0-8076

©稲葉茂勝, 2018 印刷・製本 瞬報社写真印刷株式会社

ISBN978-4-623-08261-2
NDC370/32P/27cm
Printed in Japan

シリーズ・道徳と「いじめ」

貝塚茂樹（武蔵野大学教授）／監修
27cm 32ページ　NDC370

❶ 考えよう・話しあおう！
いじめはなぜおこるのか？

❷ 調べよう・ふり返ろう！
これもいじめ・あれもいじめ

❸ しっかり取りくもう！
「モラル・コンパス」をもつ

シリーズ・「変わる！ キャリア教育」　　　　長田徹／監修　稲葉茂勝／著

1 学校にいくのは、なんのため？　読み・書き・計算と学ぶ態度を身につけよう
2 「仕事」「職業」はどうちがうの？　キャリア教育の現場を見てみよう
3 どうして仕事をしなければならないの？　アクティブ・ラーニングの実例から